Angela Traute Maria Boeckh

Liturgisches Husten

Aus dem Alltag einer Organistin

Komisches und Ernstes rund um die Beerdigung

© 2020 Angela Traute Maria Boeckh

Autorin: Angela Traute Maria Boeckh
Umschlaggestaltung: Angela Traute Maria Boeckh
Illustration: Wilhelm Busch, *Lehrer Lämpel*, aus *Max und Moritz, Vierter Streich (Wilhelm Busch, Sämtliche Werke und eine Auswahl der Skizzen und Gemälde in zwei Bänden*. Band 1: *Und die Moral von der Geschicht*. Seite 40, Verlag Bertelsmann/Gütersloh 1959).

Verlag & Druck: tredition GmbH, Halenreie 40-44, 22359 Hamburg
ISBN: 978-3-347-09248-8 (Paperback)
ISBN: 978-3-347-09249-5 (Hardcover)
ISBN: 978-3-347-09250-1 (e-Book)

Bibliographische Information der Deutschen Nationalbibliothek:
Die Deutsche Nationalbibliothek verzeichnet diese Publikation in der Deutschen Nationalbibliographie; detaillierte bibliographische Daten sind im Internet über http://dnb.d-nb.de abrufbar.

Inhalt

Schein und Sein

Mein Kind, es sind allhier die Dinge,
Gleichviel, ob große, ob geringe,
Im Wesentlichen so verpackt,
Dass man sie nicht wie Nüsse knackt.

Wie wolltest du dich unterwinden,
Kurzweg die Menschen zu ergründen.
Du kennst sie nur von außenwärts.
Du siehst die Weste, nicht das Herz.

Wilhelm Busch

Vorwort

Wenn man kurzgewachsen ist und gerne Orgel spielen möchte, hat man als Kind schlechte Karten: Ich musste bis zu meinem 14. Lebensjahr warten, ehe ich dem geliebten Instrument im wahrsten Sinne des Wortes näher treten konnte; denn endlich waren die Beine so lang, dass ich mit beiden Füßen an die Pedale – das sind die Tasten, die mit den Füßen gespielt werden – reichte.

Im Gegensatz zum Klavier, wo man zuweilen sogar schon als vierjähriges Menschlein mit kleinen Händen und baumelnden Beinen die Tasten im Unterricht drücken darf, weil das Treten der zwei bis drei Pedale für Anfänger sowieso noch kein Thema ist, gehört beim Orgelspiel das Pedalspiel von Anfang an dazu.

Als Pfarrerstochter und dank des Entgegenkommens unseres Kirchenmusikers hatte ich täglich unkomplizierte Möglichkeit zum Üben, die ich auch nutzte, so dass ich es trotz meiner eher unspektakulären pianistischen Vorkenntnisse im Orgelspiel recht bald zu einer gewissen Fertigkeit brachte. Es dauerte nicht lange, da bekam ich schon die ersten „Muggen"[1] vermittelt: Mit knapp 16 Jahren spielte ich *meine* ersten Beerdigungen.

Nun, die meisten Menschen bezeichnen nur *eine* Beerdigung als ihre eigene, und mit ziemlicher Sicherheit werden sie dabei nicht Orgel spielen. Wie anders bei Kirchenmusiker/innen! – vor allem bei solchen, die es noch werden wollen; z.B. also bei mir: Ich war noch jung, keine Spur von abgebrüht und nahm meine Aufgabe sehr ernst. Mit einer gewissen Aufregung sah ich den Beerdigungsterminen entgegen.

Beerdigungen gehören, musikalisch gesehen, zur einfachsten Übung des Kirchenmusikers und lassen sich deshalb auch sehr unkompliziert an Laienmusiker abgeben. Da wenig Zeit zur Verfügung steht, muss alles knapp gehalten sein: Kurzes Vorspiel, kurzes Nachspiel, dazwischen zwei oder drei Einzeiler oder Lieder, fast immer nur eine, max. zwei Strophen. Gemeindegesang ist bei Beerdigungen eher unüblich, weil man der Gemeinde – zu Recht oder Unrecht – diesbezüglich nichts mehr zutraut. Tatsächlich drücken meistens entweder die Tränen auf die Stimmbänder, oder die Musikalität der Anwesenden ist schon längst in den Keller

---

[1] **Mu**sikalisches **G**elegenheits**ge**schäft

des Bewusstseins abgesunken. So betrachtet ist es also ganz egal, wie oder was man spielt – einerseits. Andererseits wiederum gar nicht.

In diesem Buch geht es um das „Andererseits" – nicht nur bei Beerdigungen, aber doch vorrangig.

Dieses „Andererseits" macht die ganze Faszination der musikalischen Arbeit aus. Speziell bei Beerdigungen berührt mich immer die einzigartige Möglichkeit, einem Menschen zu begegnen, den ich – in den meisten Fällen – nie gesehen habe und auch nie sehen werde, der aber in seiner Persönlichkeit trotzdem so präsent ist wie kaum ein Anderer, der der Feier beiwohnt: Der oder die Verstorbene. Darüber hinaus bringt der Grenzbereich zwischen den Welten Situationen hervor, die sich in einem solch breiten Spektrum zwischen tiefem Ernst und unaussprechlicher Komik bewegen, dass ich sie dem geschätzten Leser nicht vorenthalten möchte; denn trotz weitgehender Tabuisierung des Themas *Tod* und *Sterben* bleibt doch keinem von uns die Berührung damit erspart. Vielleicht motivieren die hier berichteten Ereignisse den einen oder anderen sogar dazu, sich lieber früher als später mit dem Thema *Beerdigung* zu befassen. Unsere brüchig gewordenen Rituale könnten dann auf eine schöne Art belebt und – im besten Fall – erneuert werden.

Dies ist ein persönlicher Bericht. Fast alle Situationen habe ich selber erlebt, einige wurden mir von Kollegen oder Pfarrern erzählt. Namen und Ortsangaben wurden verändert oder zurückgehalten. Da fast alle Begebenheiten in Berlin stattfanden, ist der Berliner Tonfall ein unverzichtbarer Anteil dieses Buches.

Manche Ereignisse liegen schon Jahrzehnte zurück. Wenn ich sie trotzdem erwähne, dann deshalb, weil sie nur auf dem Kalender verjährt sind.

Berlin, im August 2020

Frau Meller

Dienstags und freitags Vormittag stand sie auf einer der drei Stufen, die zum Kirchhofsbüro führten: Frau Meller. Sie trug ein schwarzes, schmales Kostüm, das knapp über das Knie reichte. Eine kleine schwarze Handtasche hing über dem abgewinkelten Unterarm, und ihr mildes Lächeln schien schon seit Ewigkeiten so gewesen zu sein. Sie bewegte sich wenig.

Als kleine Kinder beobachteten wir sie heimlich aus dem Wohnzimmerfenster und guckten, was sie machte. Faszinierenderweise bestand ihre Wichtigkeit offensichtlich darin, dass sie *nichts* machte.

Es hieß, dass sie auf die Sargträger aufpasste. Das schien mir völlig absurd, denn die Sargträger waren große, starke Männer, gegen die Frau Meller wie ein Püppchen wirkte. Und dennoch: Wenn das große schwarze Auto mit dem Sarg und den schwarzen Männern kam, bewegte sich auch Frau Meller mehr als sonst. Von ihrem milden Lächeln ging eine unbestechliche Autorität aus. Kein Zweifel: Sie WAR wichtig.

Als ich später selber bei Beerdigungen spielte, versuchte ich ihrem Geheimnis auf die Spur zu kommen. Es gelang mir nicht. Sie war inzwischen betagter und ihre milde Autorität war von einer leichten Müdigkeit überschattet. Eines Tages kam sie nicht mehr.

Jahre vergingen. Wieder spielte ich bei Beerdigungen, diesmal freiberuflich als Aushilfe, mal hier, mal da. Noch immer beschäftigte mich Frau Meller. Ich beobachtete die Sargträger und konnte nichts entdecken, was eine Bewachung derselben notwendig gemacht hätte.

Eines Tages traf ich jemanden aus der „alten Zeit". Er kannte Frau Meller ...

... da hatten eines Tages die Sargträger zwischen ihren Auftritten zu kräftig zur Flasche gegriffen. Schwankenden Schrittes näherten sie sich dem Sarg, räumten die Blumen zur Seite, lallten ihr „In Jottes Nam'n" und stolperten mit dem Sarg aus der Tür. Mit Hilfe des Pfarrers kamen sie gerade noch zur Grabstelle. Dort landete der Sarg hochkant in der Grube.

Diesem Ereignis verdankte Frau Meller ihren Arbeitsplatz. Kein Zweifel: Sie WAR wichtig!

Aber auch ohne Alkohol kann das flüssige Element so mancher Feierlichkeit groteske Züge verleihen; z.B. wenn der Himmel sich öffnet – nicht etwa, um den Verstorbenen aufzunehmen, sondern um kannenweise Regen auf die Trauergemeinde zu schütten. Ganz ohne Promille rutschte ein Sargträger aus und landete hinter dem Sarg in der Grube, die panische Witwe fast noch hinterher. Hier hätte selbst Frau Mellers milde Macht versagt.

In Gottes Namen

Wer sind diese Männer, die Tag für Tag mehr oder weniger feierlich die Särge unserer Angehörigen von der Kapelle auf den Friedhof tragen und uns die Berührung mit den Toten abnehmen?

Vordergründig betrachtet haben die Sargträger nicht viel zu tun: Am Ende der Feier betreten sie die Kapelle oder den Kirchraum, die Gemeinde erhebt sich. Sie räumen die Blumen zur Seite oder auf einen extra Wagen, stellen sich rechts und links neben dem Sarg auf und sprechen ihr gemeinsames „In Gottes Namen". Die Gesichter sind ernst, meist etwas nach unten geneigt, die Stimmen sind tief. Das leise Poltern im Tonfall klingt wie ein Grollen des Abgrunds. Dann heben sie den Sarg an und tragen ihn hinaus.

Der Moment hat etwas Endgültiges.

Immer wieder erlebe ich die starke Diskrepanz zwischen der auf die Persönlichkeit des Verstorbenen und der Angehörigen ausgerichteten Feier und dem Auftreten dieser wildfremden Männer, die den Sarg wegtragen. Ihr Erscheinen erinnert an die Gestalt des Charon[2], des Fährmanns, der in der griechischen Mythologie die Toten über den Fluss Styx in die Unterwelt geleitet. Besonders eindrücklich ist dieser Zusammenhang noch in Venedig zu

---

[2] Im „Wörterbuch der Mythologie" heißt es: „Charon, der Fährmann in der Unterwelt: eine, wie es scheint, spätere Vorstellung, wahrscheinlich aus Ägypten gekommen, wo die Sitte herrschte, alle Toten, welche eines ehrenvollen Begräbnisses gewürdigt wurden, auf einem Kahn von einem Fährmann nach den Inseln der Seligen, d.h. nach den allgemeinen Begräbnisstätten, bringen zu lassen. Nach der griechischen Sage hält Charon, ein alter Diener des Pluto, am Höllenfluss Wache, nimmt die Seelen, welche Merkur ihm zuführt, in seinen Kahn auf und setzt sie über den Styx oder Acheron, wofür man ihm einen Obolus zahlen musste, der dem Verstorbenen unter die Zunge gelegt wurde; diejenigen, welche kein Begräbnis empfangen hatten, mussten ein Jahrhundert lang um die Ufer des Styx schweben."
(Dr. Vollmer's *Wörterbuch der Mythologie aller Völker*. Stuttgart, Hoffmannsche Verlagsbuchhandlung 1874. Fotomechanischer Neudruck der Originalausgabe, Zentralantiquariat der DDR, Leipzig 1978)

beobachten, wo man inmitten des regen Treibens auf den Kanälen plötzlich ein kleines, mit schwarzen Stoffen behängtes Schiff sehen kann, auf dem ein Sarg, umgeben von sechs schwarz bekleideten, schweigenden Männern, zur Toteninsel San Michele gefahren wird – als würde das Jenseitige eine Furche in die Zeitlichkeit ziehen.

Neben diesem erfahrbaren, überpersönlichen Aspekt geht von der Präsenz der Sargträger aber auch oft etwas Plumpes und Antiquiertes, manchmal wieder etwas sehr Anrührendes oder auch Komisches aus.

Der Ritus wackelt und wird nicht selten zum fragwürdigen Schauspiel.

In ländlichen Gegenden heißt es noch heute: Sechs Freunde musst du haben. Das heißt: Sechs, die deinen Sarg eines Tages zum Friedhof tragen können.

Warum tragen die Angehörigen die Särge ihrer Verstorbenen eigentlich nicht selber?

Der Schock

Matthäus 5,48:   „Darum sollt ihr vollkommen sein, gleichwie euer Vater im Himmel vollkommen ist."

Keine Frage, die Auferstehung Jesu von den Toten ist an Brisanz kaum zu überbieten. Mein Herz glühte für das Geheimnis dieses Wunders und ich rang um Erkenntnisse, die mich dem Verstehen näher bringen könnten.

Ich kam nicht umhin, das Versagen der Menschheit einzugestehen. Wo sind diejenigen, die heilen, Tote ins Leben zurückholen, die „vollkommen sind, gleichwie unser Vater im Himmel"? Um es genau zu sagen: Die Menschheit schien mir konsequent auf der Stelle zu treten. Warum ...?

Nun sollte man ja zumindest in der Kirche etwas spüren von dem Wissen um die Herrlichkeit „hinter dem Schleier", um das Licht jenseits der sichtbaren Welt – und was gibt es Schöneres, als in diese Welt wieder zurückzukehren?

Der Schock war gründlich, als ich *meine* ersten Beerdigungen spielte: Eine muffige, spärlich beleuchtete Kapelle und das zwanghafte Schwarz, das wie eine Schicht aus Pech und Teer nicht nur an Menschen und Dingen klebte, sondern auch die ganze Atmosphäre belastete, verwandelte den Ort in einen Vorraum der Schattenwelt. Hier hatte offensichtlich ein Mensch sein Leben verpfuscht und wurde mit Extra-Geleit in die Hölle befördert. Ein paar salbungsvoll gesprochene Bibelworte konnten darüber auch nicht hinwegtäuschen. Grund genug zum Heulen.

Auch ich heulte beinahe, aber aus Wut. Es war natürlich unschwer zu erkennen, dass das Versagen nicht auf Seiten des Verstorbenen lag, sondern bei denen, die die Feier gestalteten. Dummerweise gehörte auch ich zu den Letzteren.

Die Einflussnahme des Organisten auf die Gestaltung der Feier hat allerdings natürliche Grenzen: Sein Wirkungsfeld ist die Musik. Er zeichnet sich zudem in erster Linie dadurch aus, dass er nicht unangenehm auffällt: Er sollte spielen, aber eben das, was er soll, d.h. was den Wünschen der Angehörigen, des Pfarrers und des Bestattungsinstitutes entspricht. Ein gern gesehener Organist macht das. Organisten mit eigener Meinung sind eher anstrengend und deshalb in der Regel weniger gern gesehen.

Die Gefahr einer geistigen Lähmung muss an dieser Stelle angesprochen werden. Wenn man Dinge so macht, weil man sie so macht, ist die Katze schon tot. Besser, sie ist nur im Sack, dann kann man sie wenigstens wieder herauslassen ...

Um der Lähmung zu entgehen, entwarf ich immer kühnere Visionen für meine eigene Beerdigung. Während man neben oder unter mir (Organisten spielen meistens auf Emporen) in schwarzer Trauerzeremonie Sarg um Sarg und Urne um Urne zu ihrer „letzten irdischen Ruhestätte" aussegnete, feierte ich im Geiste von oben meine eigene Zeremonie: In weißen Kleidern, tanzend um den auf einem hellen Tuch stehenden schlichten Sarg, würden alle an meiner Freude teilhaben. Der Pfarrer würde eine meiner zahlreichen, während vieler Trauerfeiern verfassten Predigten halten, die von der Freude und der Realität der Auferstehung, der ewigen Verbundenheit allen Lebens, der Möglichkeit des inneren Gespräches mit dem „Verstorbenen" und der Notwendigkeit, an sich selber zu arbeiten, handeln würde. Die letzte Träne würde versiegen und ...

Meine Visionen waren lebhaft, ich wurde innerlich zum Apostel. Trotzdem änderten sie nichts an der traurigen Tatsache, dass etwa 80% aller Feiern eher trostlos als freudig verliefen. Ich musste meine Meinung revidieren, dass dies nur an den Institutionen lag. Offensichtlich gibt es wenige Menschen, die klare Vorstellungen darüber entwickeln, wie sie von dieser Erde verabschiedet werden wollen. In Konsequenz dieser nicht wahrgenommenen Verantwortung treten – meistens verkümmerte – Formen in Kraft, die Andere geschaffen haben.

Was ist was?

Unter dem übergeordneten Begriff *Bestattungen* verbergen sich diverse Formen der Beisetzung. Für den Organisten sind dabei nur diejenigen Formen relevant, in denen Orgelmusik gewünscht wird, nämlich bei *Beerdigungen, Sargfeiern* und einige Varianten der *Urnenfeiern.*

Bei *Beerdigungen* wird, wie im Namen schon angedeutet, der Sarg nach der Feier in der Kapelle auf dem Friedhof in der Erde beigesetzt. Man spricht in diesem Zusammenhang auch von *Erdbestattung.*

Auf *Sargfeiern* folgt keine Beisetzung des Sarges; vielmehr wird der Sarg, falls die Feier nicht bereits im Krematorium stattfand, dorthin gefahren und der Verbrennung übergeben. In den meisten Fällen finden Sargfeiern allerdings direkt im Krematorium statt. Der Sarg bleibt dann in der „Feierhalle" stehen, während die Angehörigen hinausgehen, oder er wird manchmal noch in Anwesenheit der Angehörigen nach der Aussegnung abgesenkt.

Diese eher makabre Version der Zeremonie hat bisweilen schon zu hysterischen Reaktionen der Angehörigen geführt: Eine Witwe warf sich verzweifelt auf den im Boden verschwindenden Sarg ihres verstorbenen Mannes und konnte nur mit Mühe selbst vor dem Absinken bewahrt werden.

Schlimmer als dieses Ereignis kann der gnadenlose Terminplan des Krematoriums die Feier beeinflussen: Ein Pfarrer hatte trotz mahnenden Aufblinkens der kleinen roten Lampe die zulässige Zeit überschritten. Beim Beginn der Aussegnung verschwand unter seinen zum Segen erhobenen Armen bei den Worten: „Der Herr segne deinen Ausgang und Eingang ..." der Sarg in die Tiefe. Aus dem gähnenden Loch unter ihm erschien sogleich der für die nächste Feier vorbereitete Sarg, der von seinen abschließenden Worten: „ ... von nun an bis in Ewigkeit. Amen." begrüßt wurde.

Hin und wieder spielt auch irgendjemand an Knöpfen, die er nicht kennt, und der Sarg fährt während der Feier mehrmals ab- und wieder aufwärts. Die Variationen sind vielfältig. Schauspiele dieser Art lassen sich vermeiden, wenn man die Särge gar nicht erst auf eine absenkbare Plattform stellt, wie z.B. in Kirchräumen. Dort herrscht meistens auch eine lichtere Atmosphäre, weil sie nicht ausschließlich für Beisetzungen gebaut wurden, sondern vornehmlich der christlichen Gemeinde als Versammlungsraum dienen und insofern den Verstorbenen in einer sehr viel natürlicheren Weise aus ihrer Mitte entlassen.

Auf eine Sargfeier folgt nach einigen Wochen die *Urnenfeier*, die eher kurz gehalten wird und an deren Ende die Beisetzung der Urne in der Erde oder in einer Urnenhalle steht. Meistens handelt es sich in diesem Zusammenhang um sog. *Stille Urnen*; ein Begriff, der einer gewissen Komik nicht entbehrt, da Urnen ja bekanntlich sowieso still sind. Die Stille bezieht sich hier allerdings nicht auf die Urne, sondern auf die Abwesenheit der Musik. *Stille Urnen* sind die Teepausen der Organisten.

Feiern ohne Musik sind eben kostengünstiger, aber nicht unbedingt schöner als solche mit Musik.

Oft wird auf die Sargfeier verzichtet. Stattdessen findet nur die Urnenfeier statt, die dann genauso ausführlich sein kann wie eine Sargfeier oder Beerdigung.

Seebestattungen und *Bestattungen im Friedwald* sind grundsätzlich Urnenbestattungen.

Jedes Land hat seine eigenen Gesetzgebungen bezüglich der Bestattungsmodalitäten. Das Zerstreuen der Asche ist, nicht nur in Deutschland, verboten. Es gibt allerdings Länder, in denen man mittlerweile aus Teilen der Asche des Verstorbenen einen Kristall züchten lassen kann (*Diamantbestattung*). Dies wird mittlerweile auch in Deutschland geduldet und angeboten. Auch soll es, wie ich einmal in einer Zeitung las, in den USA sogar möglich sein, Teile der Asche des Verstorbenen mittels einer kleinen Rakete in die Erdumlaufbahn zu entlassen (*Weltraumbestattung*).

Es wäre interessant zu wissen, was die Engel von diesen Varianten halten.

Der „Gemeinschaft der Heiligen", der lebenden und verstorbenen Christen, wird besonders in der *Auferstehungsmesse* oder der *Gedächtnismesse als Auferstehungsamt* gedacht – mit oder ohne

Sarg. Diese Form einer Bestattung ist vor allem in der katholischen Kirche bekannt; es gibt aber auch evangelische Gemeinschaften, die sie kennen – so z.B. die *Evangelische Michaelsbruderschaft*. Im Zentrum der Feier steht hier die Eucharistie, die als „gleitendes Abendmahl" oft um den Sarg des oder der Verstorbenen herum vollzogen wird und somit den Verstorbenen ganz direkt hineinnimmt in die Gemeinschaft mit Christus. Der festliche Ritus in der liturgischen Farbe *weiß* konzentriert die Aufmerksamkeit in besonderer Weise auf die eigentliche Orientierung im christlichen Leben. Ich selber habe diese Feiern stets als erhebend erlebt. Auch hatte der musikalische Anteil hier wegen der aussagekräftigen Gesamtform stets eine deutlich gestalterisch wirksame Einbindung. Leider ist die *Auferstehungsmesse* als mögliche Form einer Bestattungsfeier in weiten Teilen der Bevölkerung nicht bekannt.

... und wann ist was?

Für den Organisten kann sich die Terminabsprache etwa so abspielen:

Das Telefon klingelt. „Guten Tag, Frau Boeckh, ich geb' ihnen mal gerade die Termine für Mittwoch durch." „Kann losgehen, ich hab' was zu schreiben." „Also, da haben wir um 10:00 Uhr eine Urne, um 11:00 Uhr eine Erde, um 12:00 Uhr einen Sarg. Dann leider mitten drin 'ne Stille Urne, und um 13:30 noch einen Sarg." „Gut" sage ich, „geht klar. Gibt 's irgendwelche besonderen Wünsche?" „Nein, noch nicht. Wird wahrscheinlich auch nichts kommen." „O.k. Und wie heißen die Leute?" „Wie bitte?" „Na ja, wie die Leute heißen, die gestorben sind." „Ach, Sie meinen die Namen?" „Ja." Pause. „Moment mal, da muss ich mal nachgucken..." Und plötzlich geht es um Personen. Vier Namen, vier Lebensgeschichten, die ich nicht kenne und für die ich doch musiziere.

Ich habe mir fest vorgenommen für Menschen zu spielen, nicht für Urnen, Särge und Erde. Man muss sich immer wieder daran erinnern, denn die Routine ist ein Feind des Lebendigen.

Im Laufe der Zeit wurden mir meistens die Namen der Verstorbenen gleich mitgenannt. Manchmal, wenn es bekannt war und wenn ich danach fragte, bekam ich auch kleine Hinweise zur Biographie des Verstorbenen. Das dient der Auswahl der Musik, sofern keine eigenen Wünsche genannt wurden. Denn, so merkwürdig es für manche auch klingen mag: Es findet Begegnung statt am Sarg. Sofern es meine Möglichkeiten erlauben, soll der letzte Baustein in der Biographie eines Menschen auf der Erde mit Würde gesetzt werden.

Das heiße Pflaster: Die Musik

Eigentlich können Organisten bei Beerdigungen ein bequemes Leben führen. Die Spannbreite der musikalischen Wünsche hält sich in äußerst überschaubaren Grenzen, und man wird fast gezwungenermaßen zum Wiederholungstäter: In 80 von 100 Fällen werden noch immer *Ave* am Anfang und *So nimm*[3] am Schluss als DIE Beerdigungsschlager ausgesucht. Die Kommunikation zwischen Pfarrer und Kirchenmusiker kann deshalb bezüglich der Musik auf wenige Worte reduziert werden. Ein fragender Blick des Musikers, und zwei Worte des Pfarrers: „Das Übliche".

Sehr ungewöhnlich war einmal die Antwort eines Pfarrers auf meinen fragenden Blick. Er hielt inne und sagte: „Heute mal was ganz anderes: ERST *So nimm* und DANN *Ave*." Das war wirklich aufregend. Bleibt allerdings noch zu klären, um welches *Ave* es sich handelt: Das von Franz Schubert oder das von Bach/Gounod. Meistens ist es das letztere.

Im Gegensatz zu vielen Kollegen, denen das *Ave* und *So nimm* schon längst zum Hals heraushängt, kann ich diesen Stücken doch immer wieder etwas abgewinnen. Ähnlich wie bei dem Weih-

---

[3] *Ave Maria* und *So nimm denn meine Hände* (Kirchenlied von Friedrich Silcher, 1789-1860). Das *Ave Maria* (lat., *Gegrüßet seist du, Maria*) wird bei Trauerfeien meistens in der Fassung von Charles Gounod (1818 – 1893) gewünscht, der das Präludium Nr. 1 (C-Dur) aus dem „Wohltemperierten Klavier" von Joh. Seb. Bach mit einer Melodie überlagerte – ein weltweit bekanntes Werk. Seltener wird das *Ave Maria* von Schubert gewählt (op.52, Nr.6), wobei hier allerdings nur die musikalische Fassung auf Schubert zurückgeht.

nachtslied *Stille Nacht* geht eine bestimmte Innigkeit von dieser Musik aus, die für viele Menschen in dieser Schwellensituation offenbar sehr tröstlich ist. Für die Angehörigen ist es diese EINE Trauerfeier, die sie erleben, der Organist erlebt bezüglich der Auswahl der Musik allerdings die Wiederholung der Wiederholung der Wiederholung, und es braucht jedes Mal ein bewusstes Wollen, um „wie beim ersten Mal" zu spielen. Auch wenn dies meistens gelingt, muss doch offen gestanden werden, dass, gerade wegen der dahinter stehenden Routine, bei aller Ernsthaftigkeit des Musizierens ungewollt immer wieder groteske Situationen entstehen:

Nicht selten wünschen die Angehörigen eine Aufstockung des Orgelspiels durch Sänger und Cellisten oder Geiger. Aus Zeitmangel und „weil man ja weiß, wie das geht", findet meistens vorher keine Probe statt. Trotzdem empfiehlt sich dringend die vorherige Absprache der Tonart! In einem spektakulären Fall begann der Organist in F-Dur, der Cellist gleichzeitig in G-Dur, und die goldene Stimme des Baritons explodierte strahlkräftig in einem satten Lachkrampf … Für den Ablauf der Feier war dies natürlich eher ungünstig. Weitaus weniger schädlich ist es, wenn nicht gerade der Sänger lachen muss.

Als ich noch zu Schulzeiten mit meinem jüngeren Bruder als musikalische Erste-Hilfe-Truppe zu einer Beerdigung an den Berliner Stadtrand gerufen wurde, lief es glimpflicher ab. „Bitte *So nimm* und *Ave*", gab mein Onkel, der dort Pfarrer war, telefonisch durch. Die Sache war dringlich. Für meinen Bruder, der sich seit einiger Zeit mit eher fragwürdigen Erfolgen dem Geigenspiel gewidmet hatte, bewirkte dieser absolute Notfall einen ungeahnten Karrieresprung: Er brachte es nicht nur zu einer meisterhaften Beherrschung des *Ave Maria* von Bach/Gounod, sondern zeigte sich auch noch im schwarzen Anzug, einem für ihn damals höchst ungewöhnlichen Outfit. Die Fahrt zur Friedhofskapelle war seriös und angespannt – und die ganze Sache endete beinahe im Fiasko, als wir sahen, dass unser Auftritt hinter einem schweren Vorhang und einer durchlöcherten Wand mit ausgeleiertem und total verstimmtem Harmonium als Begleitinstrument stattfinden sollte. Wir hätten genauso gut im Badeanzug spielen können. Tatsächlich fühlte ich mich wie im Tretboot, und als die übliche Strophe von *So nimm* verklungen war, folgte die „Kata-Strophe" *Ave Maria* ... Tränen jenseits und diesseits der Mauer ... Bei uns natürlich, weil wir uns vor Lachen kaum halten konnten. Wenngleich das Vibrato verräterisch zitterte, haben wir trotzdem tapfer weitergespielt.

Häufig möchten die Angehörigen auch, dass während der Feier ein Musikstück von einer CD abgespielt wird. Meistens handelt es sich um ein Lieblingsstück des Verstorbenen oder um eine Komposition, die sie persönlich mit ihm assoziieren. Die Toleranzbreite des Pfarrers, mit dem dies vorher besprochen wird, entscheidet darüber, welcher Wunsch akzeptiert wird. Es soll nicht verschwiegen werden, dass diese Klänge für die Ohren des Kirchenmusikers meistens Folter sind. Wenn man gebeten wird, Songs oder ähnliches auf der Orgel zu spielen, wird es allerdings auch nicht besser.

Peinliches Entsetzen breitete sich aus, als am Ende einer Feier anstelle des verabredeten Musikstückes lautstark „So ein Tag, so wunderschön wie heute" aus den Lautsprechern gellte. Die Tochter der Verstorbenen, die heilfroh war, ihre Mutter endlich los zu sein, hatte als letzten Racheakt heimlich die CDs ausgewechselt.

Die Kraft der Töne

Was spielt man nun bei welcher Beerdigung? Eine wichtige Frage – vorausgesetzt, die Angehörigen oder der Pfarrer haben keine besonderen, für den Organisten verbindlichen Wünsche.

Gibt es also keine besonderen Wünsche, hat der Organist die große Chance die Atmosphäre der Feier durch eine kluge Wahl der Stücke konstruktiv mitzugestalten. Die Möglichkeiten der Einflussnahme sind hier meiner Einschätzung nach mindesten so groß wie die durch das gesprochene Wort, weil die Musik direkt auf die Gefühlswelt der Anwesenden wirkt.

Ich pflege immer meine komplette Sammlung, komprimiert in einem dafür angelegten Ordner, mitzunehmen, um mich dann spontan für die meiner Meinung nach passenden Musikstücke entscheiden zu können. Dazu ist es natürlich nötig, nicht erst auf den letzten Drücker zu kommen; denn maßgeblich für meine Entscheidung ist immer die Gestimmtheit der Anwesenden, der ich das passende Stück abzulauschen versuche. Der „coole" Typ, der über jede Träne erhaben ist, bekommt dann Musik, die die Seele weicher macht. Dem aufgelösten Typus ist dagegen eher mit einem konzentrierten Stück von Bach geholfen, in kräftiger Tongebung und rhythmisch prägnant. Die Möglichkeiten sind so vielfältig wie die Ereignisse. Nicht selten habe ich erlebt, dass eine in Tränen aufgelöste Witwe sich nach dem Vorspiel gefangen hat, oder dass beinharte Gesichtsausdrücke von Intellektuellen weichen Zügen wichen. Die Erfahrung, dass der musikalische Beitrag ausbalancierend wirkt, ist in jedem Fall beglückend.

Von einzigartigem Wert war das Erlebnis einer Urnenfeier, in der alle diesbezüglichen Bemühungen versagten:

Eine kleine Trauergemeinde betrat in scheinbar gelöster Konzentration bei den Klängen des Orgelvorspieles die Kirche. Nach dem Psalmwort folgte das erste Lied, währenddessen sich in unüberhörbarer Steigerung unter den Angehörigen ein lautstarkes Schluchzen breit machte. Man hatte allmählich den Eindruck, als wäre eine Versammlung von ca. 50 Personen im Kirchraum anwesend, die nach Art bestellter Klageweiber einen gewaltigen Zauber veranstalteten. Sobald es mir möglich war, schlich ich mich leise an den Rand der Empore

– hatte ich doch vor der Feier nur eine Handvoll Menschen gesehen.

Tatsächlich waren es auch nicht mehr. Ich sah Vater, Mutter und einen etwa zwölfjährigen Sohn, vielleicht fünf Verwandte oder Freunde. Alle heulten lautstark um die Wette, in sich steigernder Hysterie. Der Pfarrer hatte unterdessen seine Predigt begonnen. Offensichtlich war der Großvater der Familie gestorben ... Aber der Pfarrer kam nicht weit. „Entschuldijen Se, dass ick Se untabreche, Herr Pfarra, aber Se seh'n det ja selba, wir heul'n hier alle, ick muss den Jungen trösten – und – könn' se det jetzt nich mal beenden, det hält ja keena aus. Komm, Mutti, wir jeh'n!" Der Vater erhob sich und schon standen alle auf.

Der Pfarrer, in verblüfftem Entsetzen, beschwichtigte, winkte mir wie wild zu und rief: „Dann hören wir jetzt noch das zweite Lied!" Ich stürzte zur Orgel, spielte wie verabredet, hörte es unten poltern. Immer wieder tönte es: „Nee, also, ick wollte Se wirklich nich untabrechen, aba jetzt jeh'n wa. Ick kann nich mehr, det hält ja wirklich keena aus!" Inzwischen schaute ich mir die Vorstellung wieder von oben an, immerhin ganz kostenfrei mit Platz im 1. Rang! Der Urnenträger war gerade nach vorne gestürmt. Während der Pfarrer noch im Schnellverfahren die Urne aussegnete, stiegen die Leute zum Teil über die Bänke. Mit Mühe schob sich der Pfarrer vor die taumelnde Truppe – dann begann der Gang zur Urnenstelle. „Nich so schnell!", schrie einer über die Gräber hinweg, „ick komm' nich nach!" Den Friedhofsarbeitern fiel schier die Schaufel aus der Hand. Das war besser als Kino! - leider mit traurigem Hintergrund: Die ganze Gesellschaft hatte sich vorher in der „Geisterbahn", einem fragwürdigen Lokal in der Nähe der Kirche, mit Alkohol volllaufen lassen.

In diesem Fall hatte natürlich auch die Musik keine Chance.

Die Hierarchie

„*Befiehl* und *So nimm*", sagte der Pfarrer, als er, seinen Kopf kurz in meine Richtung wendend, gemessenen Schrittes die Kirche betrat. Ein gewisses Körpergewicht unterstützte seine geistliche Potenz. Schon wandte er sich dem Altarraum als seinem eigentlichen Tätigkeitsfeld zu, als meine ausgestreckte Hand ihm den Weg versperrte: „Guten Tag, mein Name ist Boeckh. Leider habe ich Ihren Namen eben nicht richtig verstanden." Kurzes Innehalten. Sichtlich irritiert wiederholte er „Befiehl und So nimm". Meine Hand versperrte immer noch den Weg. Erzwungenermaßen ergriff er sie, während ich mich erneut vorstellte und nach seinem Namen fragte. Diesmal kam ich durch. Verwirrt presste er seinen Namen heraus. Zum Glück habe ich ihn sofort wieder vergessen.

Auf meine Frage, welche Musik er sich für die Feier wünsche, hörte ich zum dritten Mal: „Befiehl und So nimm". Vom pädagogischen Eros getrieben konnte ich nicht nachlassen. Dieser Fall musste bis zuletzt durchgestanden werden. „Sie meinen *Befiehl du deine Wege* und *So nimm denn meine Hände?"* „Ja." Allmählich begriff der Herr Pfarrer, dass er mit den Lebenden und nicht mit den Toten sprach. Überflüssig zu erwähnen, dass ich natürlich von Anfang an wusste, was er wollte. Aber hier ging es um ein Mindestmaß an Manieren – nicht nur mir gegenüber; denn neben mir standen noch der Urnenträger und der Bestatter, die in gleicher Weise betroffen waren.

Auch bei Beerdigungen gelten hierarchische Ordnungen, meist veraltet, oft lächerlich, aber dennoch keineswegs kraftlos.

Zweifelsohne ist der Geistliche die Nr. 1 des Geschehens. Nicht selten erscheint er als Letzter, während die verschiedensten Helfer schon längst alles vorbereitet haben und ihr reges Treiben einer gewissen Ruhe Platz gemacht hat. Alte Regel: Je näher der Pfarrer wohnt, desto später kommt er. Unschwer an seinem schwarzen Rock zu erkennen, verursacht sein Erscheinen sofort eine Art Apartheid unter den Anwesenden: Es gibt ihn, der würdig ist Gottes Wort zu verkünden und seine Sakramente zu verwalten, und es gibt uns, die im Vorfeld wirken und dieser Würde nicht teilhaftig sind. Deshalb ist der Pfarrer eben „der Pfarrer" und nicht Herr Sowieso, und deshalb kann eine Frage nach seinem Namen auch ein ganzes Gebäude zum Wackeln bringen.

Pfarrer Herbarth betrat die Kirche immer wie ein König: Perfekt gekleidet im Talar hielt er am Eingang der Kirche einen Moment inne und erfasste im Nu sein choreographisches Umfeld. Dann schritt er mit hervorgewölbter Brust über den Teppich des Mittelganges, wobei er nach rechts und links mit weit ausgestrecktem Arm die wenigen Anwesenden begrüßte. Es wirkte, als würde er Almosen ausstreuen. Seine Schritte waren so langsam, dass er nicht innehalten musste, während er in knappen Worten seine Wünsche mitteilte – freundlich und ruhig.

Das Zeremoniell war vollendet. Trotzdem verbeugte sich keiner – oder doch? Manchmal schien in dem einen oder anderen diese Neigung zur höfischen Antwort zu greifen. Es war eine großartige Inszenierung – nur leider völlig unzeitgemäß und im Wiederholungsfall unerträglich.

Meine zähen Versuche, die rollenden Schritte zum Altar durch „überflüssige" Fragen aufzuhalten und Gespräche zu erzwingen, zeitigten dann auch immer größere Erfolge.

Zu einem meiner schönsten Beerdigungserlebnisse gehört, dass eben dieser Pfarrer sich nach einer Beerdigung auf die Empore bemühte, sich entspannt auf einem Stuhl niederließ und ein Gespräch begann. Der Talar hing an ihm herab wie ein überflüssiges Stück Stoff.

Hindurch schien die sehr achtenswerte Persönlichkeit dieses Menschen.

Königliche Würden können einem Pfarrer übrigens auch OHNE das gelebte Zeremoniell zugesprochen werden: Ein Pfarrer, der eine besondere Vorliebe für Beerdigungen hatte und deshalb rein quantitativ diesbezügliche Superlative vorzuweisen hatte, wurde von seinen Kollegen gerne „der Leichenkönig" genannt.

Nicht immer verbirgt sich unter dem schwarzen Rock ein starker Charakter. Dann tritt die Nr. 2 der Hierarchie umso stärker in den Vordergrund: Der Bestatter.

Stets dunkel und gut gekleidet, dezent im Auftreten, trotzdem mit unübersehbarer Autorität, zeigt er oder sie sich als eine Art „Secret Service" im Ablauf des Geschehens. Die Zeremonie wird mehr oder weniger still, in jedem Fall aber sehr bestimmt geordnet. Wer einmal die Beschwerde von aufgebrachten Angehörigen erlebt hat, wünscht sich das kein zweites Mal. Sensible Aufgaben brauchen also sensible Betreuung.

Da gilt es zunächst den *richtigen* Sarg oder die *richtige* Urne bereitzustellen – es ist schon vorgekommen, dass Särge verwechselt wurden: Der Irrtum wurde gerade noch rechtzeitig entdeckt, der Angestellte wurde sofort entlassen ...[4] Der verabredete Kerzen- oder Blumenschmuck muss da

---

[4] Ob diese Handhabung der Situation angebracht war, sei dahingestellt. Mit Sicherheit wurde die Vakanz durch jemanden besetzt, den die Erfahrung noch nicht gelehrt hatte solche Verwechslungen zu vermeiden.

sein, ein Foto muss gemacht werden. Schließlich haben die Angehörigen für jedes Detail bezahlt. Sind Pfarrer oder Redner da? Sind der oder die Musiker vor Ort? Wo ist der Urnenträger oder wo sind die Sargträger? Sind alle nüchtern und dem Anlass entsprechend gekleidet? Wo ist die Kondolenzliste? Wo halten sich die Angehörigen vor der Trauerfeier auf und wer ist rechtzeitig da, um sie zu empfangen? Natürlich der Bestatter. Denn der Pfarrer kommt, wie gesagt, meistens erst kurz vorher, und Musiker und Sargträger haben sowieso andere Aufgaben.

Für den Bestatter sind die logistischen Teilaspekte Selbstverständlichkeiten. Er versorgt die äußere Form. Um den inhaltlichen Ablauf der Feier kümmern sich andere – hoffentlich. Wenn ein Pfarrer Inkompetenz ausstrahlt, wird er u.U. vom Bestatter sanft zum Altar geschoben, und letzterer übernimmt stattdessen auch die Regie über den inhaltlichen Ablauf. Ist alles schon vorgekommen.

Ich erinnere mich an einen Pfarrer, der mit einer leichten Fahne zur Beerdigung erschien. Er hatte gerade ein Gemeindemitglied zum 90. Geburtstag besucht und bemühte sich, seine Sektlaune auf den neuen Anlass umzuschwenken. Es gelang mit Mühe, wenn überhaupt.

Offensichtlich hatte er vergessen, dass er predigen musste. „Nun, meine lieben Freunde, Sie kannten die Verstorbene ja weitaus besser als ich. Was soll ich da viel sagen? Deshalb überlegen Sie mal lieber selber, was im Leben Ihrer lieben Verstorbenen gut und nachahmenswert war; und dann sehen Sie zu, dass Sie das in Ihrem Leben umsetzen, damit die ganze Sache wenigstens noch irgendeinen Sinn gehabt hat. Und nun wollen wir unsere liebe Verstorbene in die Hände unseres lieben Herrn geben. Wir beten …"

Das war kurz und knapp. Mit Trauernden kann man 's ja machen.

„Die können sich hinterher ja sowieso nicht mehr an die Predigt erinnern … "

Zum Glück stimmte der Blumenschmuck.

Die Pannen

Jeder Zeremonienmeister muss auch die absurdesten Pannen in seine Planung mit einbeziehen. Und trotzdem ist die Panne von gestern nie die Panne von heute und schon gar nicht von morgen. Auf diese Weise schummelt sich das Leben immer wieder in unsere fertige Welt hinein – als Chance neu zu werden, als Chance *im Moment* kreativ zu gestalten. Je nach Betroffenheit der Angehörigen und deren Neigung zur Hysterie ist dies im Einzelfall jedoch schwer oder gar nicht umzusetzen, und so können manche Pannen auch gerichtliche Folgen haben.

Speziell war der Todesfall eines Mannes, der überdurchschnittlich groß war und in keinen normalen Sarg hineinpasste. Er war nach einem langen, erfüllten Leben gestorben und ließ seine Frau, Kinder, Enkelkinder, weitere Verwandte und Freunde zurück. Außer der körperlichen Größe des Verstorbenen bot diese Trauerfeier keine besonderen logistischen Herausforderungen. Es war ein spezieller Sarg mit Überlänge angefertigt worden, und die Beerdigung fand in aller Würde in der Kapelle statt. Anschließend bewegte sich der Trauerzug zur Grabstelle, wo der Sarg feierlich in die Grube gelassen werden sollte.

Erster Versuch: Der Sarg war zu lang für die Grube. Sie versuchten es schräg, dann von Ecke zu Ecke: Es gab keine Chance, Überlänge war Überlänge. Das Grab war definitiv zu klein. Die Witwe, in wilder Verzweiflung, machte das Chaos perfekt. Der Pfarrer versuchte auch in dieser Situation zu segnen, doch die Sache landete vor Gericht mit riesigen Schadenersatzforderungen von Seiten der Witwe, die aber nicht gewährt wurden. Der Sohn sah 's lakonisch: „Papa hat sich ja auch sonst nicht in jedes Bett gelegt."

Eine kleine Lücke in der Planung mit großen Folgen ... Dies ist menschlich – warum deshalb nicht auch liebenswert? – und fordert die Herzkraft aller Beteiligten.

In einer anderen Situation gelang dies offenbar: Der Pfarrer, der in diesem Fall nicht in der Nähe wohnte, hatte sich deutlich vor Beginn der Trauerfeier auf den Weg gemacht; allerdings nicht zur Trauerfeier, sondern um mit seiner Frau einen größeren Einkauf zu machen – was, nebenbei bemerkt, wohl das einzige Mal in seinem Leben war. Trotz allem lag er sehr gut in der Zeit und kam frohgestimmt und gut vorbereitet beim Friedhof an. Zu seiner großen Überraschung fand er eine nervöse Menge vor, wurde von den Angehörigen nur mit angestrengter Freundlichkeit begrüßt und vom Bestatter heftig zur Seite gezogen: Er hatte sich um eine Stunde in der Zeit geirrt. Es entstand der bei Bestattern gefürchtete Stau der Särge ... Die Beerdigung wurde im Schnellverfahren durchgeführt, aber offensichtlich konzentriert und inhaltsreich. Der Pfarrer war peinlichst berührt und entschuldigte sich vielfältig. Er kam ohne blaue Flecken davon.

Einige Zeit später meldete sich einer der Angehörigen bei ihm zur Sprechstunde an. Es schien klar, worum es hier nur gehen konnte: Eine nachträgliche Gardinenpredigt unter vier Augen. In entsprechender Erwartung eröffnete der Pfarrer gleich das Gespräch mit einer nochmaligen Bitte um Verzeihung; doch der Gesprächspartner war an diesem Thema gar nicht interessiert. Die Trauerfeier hatte ihm so gut gefallen, dass er wieder in die Kirche eintreten wollte.

So kann's also auch gehen.

Der letzte Blick

An dieser Stelle sei ausdrücklich vor Särgen von Billiganbietern gewarnt. Ich hörte von einem –

wortwörtlichen – Fall: Auf dem Weg von der Kapelle zum Grab löste sich der Boden des Sarges. Diese Situation wünscht man niemandem. Es gibt durchaus würdigere Möglichkeiten, den Verstorbenen vor seiner Beisetzung noch einmal zu sehen:

Bekannte erzählten mir, dass sie in den ersten drei Tagen und Nächten nach dem Tod eines Verwandten in stetem Wechsel an seinem offenen Sarg wachten und ihn auf diese Weise in seinem Wandlungsprozess begleiteten. Sie sangen Lieder oder spielten auf der Flöte, beteten Psalmen oder sprachen andere Gebete, lasen aus der Bibel vor. Der „Wächter" der Leichenhalle – damals in einem Krankenhaus – hatte in den mehreren Jahrzehnten seiner Dienstzeit nichts Vergleichbares erlebt.

Leider können solche wichtigen Momente auch hundertprozentig nach hinten losgehen:

Ein Mann mittleren Alters mit geringem Einkommen hatte sich mühsam den Traum seines Lebens erspart: Eine besondere, sehr teure Lederjacke. Kurz nachdem er sie erstanden hatte, erkrankte er schwer und verstarb. Sein letzter Wunsch war, in der Lederjacke begraben zu werden.

Direkt vor der Beisetzung äußerten die Verwandten den Wunsch, den Verstorbenen noch einmal sehen zu können. Man ging gemeinsam in die Kapelle, der Sargdeckel wurde geöffnet – keine Lederjacke. Das Desaster war perfekt. Mit Mühe fand die Beisetzung dennoch statt. Ich weiß nicht, mit welcher Version der „Secret Service" seinen Kopf aus der Schlinge gezogen hat; jedenfalls soll es Überlebende gegeben haben.

Doch zurück zur Hierarchie.

Die kleinen Leute

– das sind wir: Die Musiker, die Friedhofsarbeiter, die Urnenträger, die Sargträger. Wie wichtig wir sind fällt erst auf, wenn wir nicht da sind. Dennoch kann der Pfarrer oder Priester die Trauerfeier zur Not auch ohne uns gestalten – vorausgesetzt, es handelt sich um eine Urnenfeier.

Ich weiß von einem Pfarrer, der sich bei plötzlichem Nicht-Erscheinen des Organisten beherzt selber ans Harmonium setzte und mit Gottvertrauen und Mut in die Tasten griff, obwohl seine letzte Begegnung mit dem Instrument Jahrzehnte zurücklag. Der Trauergemeinde fiel nichts auf, die Engel hatten mitgespielt!

Wenn aber KEIN Pfarrer oder Priester da ist, dann sind die „kleinen Leute" unverzichtbar. In seltenen Fällen kommt es vor, dass die Angehörigen sich definitiv weder einen Geistlichen noch einen Redner wünschen, sondern nur Stille und Musik. Dann bestreiten wir „kleinen Leute" das Ritual.

Besonders prekär kann die Situation werden, wenn auch die Angehörigen nicht erscheinen.

Eines Tages stand vorne in der Kirche einsam eine Urne. Der Urnenträger, der Friedhofsarbeiter und ich guckten uns mit Blick auf die Uhr fragend an. Außer uns war niemand anwesend. Der Bestatter war damit beschäftigt, den Pfarrer, der für die nächste Beerdigung bestellt war und der schon draußen stand, davon abzuhalten Regie zu übernehmen; denn die Angehörigen hatten ausdrücklich KEINEN Pfarrer gewünscht. Sie wünschten nur Stille und Orgelmusik. Was nun? Es musste gehandelt werden.

Wir „kleinen Leute" standen zu dritt, in unserer Mitte das Fragezeichen – und es war klar, dass jetzt wir gemeint waren, und wir waren uns einig, dass die Urne nicht „einfach so" auf den Friedhof getragen werden konnte. Wir schlossen die Türen und gestalteten die Feier aus dem Moment heraus.

47

Wir wollten den oder die Verstorbene nicht ohne einen Segen verabschieden und entschlossen uns deshalb neben Musik und Stille auch für das Wort. Ich spielte einen Choral, kam von der Empore wieder herunter. Zu dritt standen wir vor der Urne: Ich sprach ein Christuswort aus dem Johannesevangelium, dann die Aussegnung. Zu dritt beteten wir das *Vater Unser*. Den Abschluss bildete ein zweites Musikstück auf der Orgel. Anschließend trat der Urnenträger vor, sprach sein „In Gottes Namen" und trug die Urne in aller Würde aus der Kirche hinaus auf den Friedhof, wo er sie beisetzte. Kaum je war eine Feier so einfach – und kaum je so erhaben. In dieser Feier wurden wir alle gesegnet.

Schlimm wird es, wenn der Bestatter sich in den musikalischen Ablauf einmischt. Vor allem in Krematorien, die ihre Trauerfeiern meistens im halbstündigen Takt planen, kann die chronische Zeitnot zum Problem werden. Als Musiker versucht man natürlich sich den Rahmenbedingungen anzupassen und wählt entsprechend kurze Kompositionen aus. Trotzdem kann es passieren, dass plötzlich neben der Orgel der Bestatter auftaucht und mitten im Stück sagt: „Schluss machen!" Ich war mitten in einem kurzen, wunderschönen Stück von

Bach und dachte nicht im Traume daran, Schluss zu machen – weder mit meinem Leben noch mit dieser Musik. Er ließ nicht locker, bis ich ihn fast anschrie, dass er verschwinden solle. Zum Glück hat er nicht den Motor für die Orgel ausgeschaltet, sondern verschwand tatsächlich. Hier begann die hierarchische Ordnung kurzfristig zu wackeln.

Um solche Stressfaktoren zu vermeiden, wählen weise Friedhofsverwalter/innen grundsätzlich ein größeres Zeitfenster im Ablauf der Feiern.

Ein voller Raum

„Nee, also der Sarg geht wirklich gut! Schon zum dritten Mal haben wir den verkauft! Toll!" Die Bestatterin jubelte und verließ triumphal das Friedhofsbüro. Ich gestehe, dass ich neugierig wurde und nachhakte. Zum Glück ist mir die genaue Summe für den Sarg entfallen. Ich weiß nur, dass mir fast schwindelig wurde, als ich den Preis hörte. Auf meinem Weg zurück zur Kirche ging mir der Gedanke nicht aus dem Kopf, wie man nur so viel

Geld im wahrsten Sinne des Wortes in die Grube werfen könnte.

Dann sah ich ihn, den Mercedes unter den Särgen: Kein Flügel kann schöner sein! Schwarzer Schleiflack im schlichten Design – ein unglaublicher Anblick. Dezent in der Mitte eine einfache Girlande von einzelnen, gelben Lilien, davor ein großes Bouquet mit den gleichen leuchtenden Blüten. Der Gedanke an das Geld war verschwunden. Der Sarg war einzig!

In Erwartung des großen Kreises der Angehörigen, die diesen offensichtlich besonderen Mann begruben, stieg ich bedächtig zur Orgel empor. Aber: Die Menge blieb aus. Ein einziges Ehepaar, das vorne in der ersten Reihe Platz genommen hatte, bildete die Gemeinde.

In der Predigt erfuhr ich etwas aus der Biographie dieses Mannes, so auch die Geschichte des Sarges: Der Vater des Verstorbenen war Inhaber eines Sarggeschäftes gewesen, weshalb der Sohn schon von früh an ein besonderes Interesse an Särgen entwickelt hatte. Auf einer seiner Reisen in die USA hatte er vor vielen Jahren *seinen* Lieblingssarg entdeckt: Einen schwarzen, schlichten Schleiflack-Sarg mit Goldbeschlägen. Leider stand dieser Sarg in San Francisco. In der Hoffnung, in

Deutschland einen solchen Sarg zu finden, studierte er regelmäßig die Angebote der Bestatter. Nach Jahren entdeckte er tatsächlich *seinen* Sarg. Inzwischen war er ein alter Mann. Es gab keine Verwandten. Die einzige Bezugsperson war die Fußpflegerin seiner verstorbenen Frau. Trotz seines hohen Alters, er war inzwischen in den Neunzigern, blieb er ein lebendiger Gesprächspartner und war ein wandelndes Geschichtsbuch. Seine Spaziergänge führten ihn ausschließlich zum Bestattungsinstitut, wo er prüfte, ob der Sarg immer noch *sein* Sarg war. Er war es bis zum Schluss.

Sein ganzes Vermögen ging in diesen Herzenswunsch – zum Glück für das Bestattungsinstitut, und zum Segen der wenigen Menschen, die dieser Trauerfeier beiwohnten; denn die sorgfältige und jahrelang gepflegte Vorbereitung auf diese Beerdigung verlieh der Feier eine solch dichte und lichtvolle Würde, dass der heilige Schauer noch heute in mir nachklingt.

Meine Eltern waren befreundet mit einem anglikanischen Priester, der seine Frühmessen des Öfteren in leeren Kirchen hielt. Er war deswegen nie betrübt. Wenn wir ihn nach der Anzahl der Gottesdienstbesucher fragten, pflegte er zu sagen „Nemo nisi angeli[5]“, und lächelte.

Im Falle dieser Beerdigung schienen die „leeren“ Bänke gleichermaßen geheimnisvoll gefüllt gewesen zu sein.

Besondere Menschen

Wenn es auch höchst selten vorkommt, dass die Angehörigen nicht zur Trauerfeier erscheinen, dann ist es doch weitaus häufiger, dass es gar keine Angehörigen mehr gibt; auch keine Freunde. Irgendjemand regelt die Bestattungsformalitäten, zur Not – oder zum Glück – das Sozialamt; aber deshalb kommt dieser „Irgendjemand“ nicht unbedingt zur Trauerfeier. In Anbetracht der meist bescheidenen finanziellen Situation der oder des Verstorbenen handelt es sich dann eher um eine Urnen- als um eine Sargfeier.

Da steht nun der Pfarrer vor einer einsamen Urne. Mit Psalmworten, Musik und Gebeten wird

---

[5] (lat.) *Keiner außer den Engeln*

ein Mensch in die geistige Welt entlassen, dessen Geschichte kaum erahnt werden kann, weil niemand mehr da ist, der ihn wirklich kannte. Am hinteren Eingang der Kirche wartet bescheiden der Urnenträger.

Dann folgt der Gang über den Kirchhof. Im schwarzen Anzug geht der Urnenträger mit langsamen Schritten voran: Stille Konzentration, der Blick leicht gesenkt, die Urne vor seinem Herzen haltend. Ihm folgt der Pfarrer, leicht umweht vom schwarzen Talar, das schwarze Barett[6] auf dem Kopf, in der Hand eine Bibel.

Selten habe ich anrührendere Prozessionen gesehen. Es ist, als würde gerade in solchen einsamen Momenten das ganze Geheimnis des Menschen offenbar werden.

Denn, so pflegte mein Vater immer zu sagen: „*Jeder* Mensch nimmt sein ganz persönliches Geheimnis mit über die Schwelle, egal wie viele Menschen ihm das Geleit geben, egal wie viele Freunde er hatte. Es gibt immer etwas, das keiner weiß – ", und darin liegt die ganze Besonderheit.

---

[6] Eine flache, schirmlose Kopfbedeckung, die vor allem Geistliche, aber u.a. auch Richter tragen.

Als flöge er dahin

Es war eine größere Beerdigung. Da es besondere musikalische Wünsche gab, war ich ausnahmsweise schon mehr als eine halbe Stunde vor Beginn der Feier da. Wenige Angehörige warteten draußen, und in der Kirche waren rege Vorbereitungen im Gange: Florist, Bestatter, Organistin, Kirchendiener, Friedhofsarbeiter – alles wuselte durcheinander.

Dann brachten sie den Sarg herein – ein unvergesslicher Moment.

So wie aufgewirbeltes Laub sich im ruhigen Luftstrom absenkt, so befriedete sich alles um diesen Sarg, der wie ein Magnet uns alle an sich zog. Ohne zu merken, wie es gekommen war, standen wir plötzlich alle schweigend im Kreis und staunten auf diese Mitte. Dann brachen die Worte heraus: „Is det een irret Ding!", stammelte der erste. „Wat der wohl jekostet hat?" der nächste. „Is bestimmt 'n Designerstück!" „Also, wenn ick mal tot bin, will ick ooch in so 'nem Ding beerdigt werden!" „Na, wenn de dir det mal leisten kannst!" „Der sieht ja aus, als würde er gleich abheben!" – In der Tat, der faszinierendste Sarg, den ich je gesehen hatte: Aus hellem, feingeschliffenem Holz ohne jeden Schnörkel wölbte sich der Sarg leicht in die Höhe wie der oberste Rand eines Regenbogens. Obwohl es sich um massives Holz handelte, strahlte der Sarg, den als einzige Zierde eine Linie aus weißen Lilien schmückte, eine ungeheure Leichtigkeit aus. Er schien zu schweben.

Als die Feier begann, war die Kirche voller Menschen: Vom einfachen Bürger bis zum Berliner Würdenträger war alles vertreten. In einem bemerkenswerten persönlichen Einsatz hatte die im hohen Alter verstorbene Person nach dem Krieg den Wiederaufbau eines historisch bedeutenden und wunderbaren Bauwerks in Berlin durchgesetzt.

Es war, als ob der Glanz dieses Lebenswerkes nicht nur die Feier, sondern den Sarg selbst umstrahlte. Die Auferstehung der Toten stand vor der Seele wie eine Symphonie aus Licht.

Die guten Seelen

Natürlich sterben nur gute Menschen. Wenn es je schlechte Menschen gab, dann werden sie im

Moment ihres Sterbens zu Engeln und alle Schatten lösen sich in Licht auf.

Zu diesem Schluss muss man unweigerlich kommen, wenn man den biographischen Skizzen folgt, die während der Trauerfeiern über die Verstorbenen verbreitet werden. Dennoch entgeht dem aufmerksamen Hörer natürlich nicht, was zwischen den Worten tönt. Genau so, wie in einem Führungszeugnis das Verschwiegene Aufschluss gibt über Mängel, entwickelt man irgendwann ein Ohr für das Unerwähnte. Gut so – einerseits.

Andererseits kann mangelnde Ehrlichkeit in bezug auf die Persönlichkeit auch Fässer zum Überlaufen bringen; so geschehen bei der letzten zeremoniellen Handlung einer Erdbestattung: Anstatt dreimal Erde ins Grab zu werfen, empörte sich einer der Angehörigen über die Harmonisierungstendenzen des Pfarrers und überschüttete den Verstorbenen mit wilden Beschimpfungen. Sofort bildeten sich zwei Parteien, die „für" oder „gegen" die biographische Version des Pfarrers standen. Die vom Pfarrer mit Mühe abgesegnete Feier endete in einem langen gemeinsamen Gespräch im Restaurant.

Das Benennen und bewusste Aushalten von Spannungen dient unter Umständen der Verarbeitung mehr als das Verschweigen derselben.

Nur ein einziges Mal sah ich diesbezüglich einen Pfarrer in Not. Bereits im schwarzen Talar lief er bleich in der Kirche auf und ab. Wie ich erfuhr, gab es in der Biographie dieses Menschen nichts, aber auch gar nichts Gutes zu erwähnen. Jede/r der Angehörigen hatte unsäglich unter diesem Menschen gelitten und es gab keinen einzigen, der nicht froh war, endlich von ihm befreit zu sein. Der Pfarrer ging so weit, dass er sogar in Frage stellte, diese Person in einer Kirche auszusegnen. Die größte Klippe aber war die Predigt: Es war zehn Minuten vor Beginn der Feier, und ihm war bislang absolut nichts eingefallen, was er sagen sollte.

Die Feier begann. Er hangelte sich von Wort zu Wort. Dann kam die Predigt – authentisch, in jedem Wort echt; eine der besten, die ich wohl je hörte hatte, und in der auch ich mich direkt angesprochen fühlte. Es ging weniger um den Verstorbenen als um uns: Wie konnte es geschehen, dass keiner in der Lage gewesen war, diesen Menschen in seinem Wesen zu entdecken, dass er keinen Raum fand sich zu zeigen. Wie gehen wir jetzt und grundsätzlich um mit unserer Unfähigkeit, den Menschen, wie er wirklich ist, zu erkennen?

Die Predigt

„Der Pfarrer darf über alles predigen, nur nicht über zehn Minuten", sagt ein alter Spruch.

Ich glaube, niemand hat mehr Predigten in seinem Leben gehört als ein Kirchenmusiker mit Festanstellung. Das heißt allerdings nicht, dass er zugehört hat. Es gibt im Ohr eines Kirchenmusikers ein feines Regulativ, dass bereits nach dem ersten Satz einer Predigt dieselbe einsortiert in die Kategorien 1 = „hörenswert" oder 2 = „nicht hörenswert". Da die meisten Predigten zur zweiten Kategorie gehören, hat man mindesten zehn Minuten Pause, meistens länger. In Süddeutschland lernte ich einmal eine kleine Kirche kennen, die hinter der Orgelempore einen kleinen Balkon hatte. Der Kirchenmusiker konnte auf diese Weise bei K2-Predigten unbemerkt an die frische Luft entschwinden und in der Morgensonne seinen Kaffee trinken. Auch musste man an diesem Ort die Tageszeitung nicht gar so vorsichtig umblättern. Irgendwie weiß man intuitiv, wann man aufstehen und sich wieder auf die Orgelbank begeben sollte. Bei mir hat diese Übertragung immer funktioniert.

Wie schon oben erwähnt, kommt natürlich auch die Kategorie 1 vor – zum Glück.

Bei Beerdigungen hat der Pfarrer, der Priester oder der Redner die einzigartige Möglichkeit, auf die Persönlichkeit des Verstorbenen und die Einbettung seiner oder ihrer Biographie und sozialen Bezüge in einem umfassenden Zusammenhang einzugehen. Außerdem hat er die große Chance, die Angehörigen in dieser Schwellensituation mit seinen Worten aufzufangen, zu stützen und im besten Fall geistlich oder (beim Redner) geistig zu „erhellen". Dies ist bestimmt keine einfache Aufgabe.

Ob sie gelingt oder nicht hängt entscheidend von der inneren Ausrichtung des Geistlichen oder Redners ab, natürlich auch von den Wünschen der Angehörigen und davon, wie viel man von dem Verstorbenen überhaupt weiß.

Im Gegensatz zum gottesdienstlichen Spiel in einer Kirchengemeinde, wo der Organist auf Gedeih und Verderb immer mit denselben Pfarrern konfrontiert ist, erlebt der Beerdigungsorganist ständig andere Pfarrer, unterschiedliche Konfessionen, freikirchliche Gemeinschaften, areligiöse Versammlungen etc. Bei aller erstaunlichen Vielfalt gibt es auf die Dauer aber natürlich doch vertraute Gesichter, und man weiß dann schon gleich, in welchem Stil es heute wahrscheinlich wieder läuft.

Bei evangelischen Pfarrern erlebte ich häufig eine Gliederung der Ansprache in zwei Teile, wobei sich der erste Teil auf die Biographie, der zweite auf ein Bibelwort konzentrierte. In einem kurzen Schlussteil wurde versucht, den Bezug zwischen beiden herzustellen.

Katholische Geistliche hielten die Predigt eher knapp, das Biographische sowieso. Dafür lag der Schwerpunkt deutlicher auf dem geistlichen Teil mit Gewicht auf der Freude der jenseitigen Welt.

In der Liturgie der Christengemeinschaft ist die Predigt ganz der Biographie des Verstorbenen gewidmet. Es geht dabei nicht um eine einfache Aufzählung der Lebensstationen und -taten, sondern um einen Bezug zu den inneren, geistigen Reifeschritten dieses Menschen und deren Wirkungen – ein Aspekt, den ich im Rahmen der Amtskirchen fast nie berücksichtigt sah. Die Priester der Christengemeinschaft, die ich erlebte, hielten diese Ansprache stets frei, d.h. ohne Manuskript. Dies setzt voraus, dass sich der oder die Geistliche in äußerst intensiver Weise in die Biographie des Verstorbenen eingefühlt hat. Der Verstorbene wird dadurch in sehr besonderer Weise präsent.

Pfarrer Werner dagegen pflegte seine Predigten immer in der gleichen Form zu halten. Auf meine Frage erzählte er mir, dass er sich einmal drei Fassungen überlegt und diese in den Computer eingegeben habe. „Man muss dann nur die Namen austauschen. Biographien wiederholen sich, so verschieden sind die Leute nicht", meinte er. Dieses Prinzip wandte er nicht nur auf Trauerfeiern, sondern auch auf Taufen und Hochzeiten an. Dummerweise hatte er einmal vergessen, den richtigen Namen einzusetzen. Dies war allerdings bei einer Hochzeit, wie er lachend erzählte: Plötzlich sollte die Braut einen ganz anderen Mann heiraten! Natürlich sagte sie „Nein!" – nicht nur dazu ... Seine Predigten waren übrigens gar nicht schlecht, und wenn man sie nur einmal hörte, sogar richtig gut.

K2-Predigten[7] gibt es natürlich in Hülle und Fülle. Dabei schneiden Redner grundsätzlich nicht besser oder schlechter ab als Geistliche. Trotzdem

---

[7] Kategorie 2 = "nicht hörenswert", s.o.

ist bezüglich der Beurteilung Vorsicht geraten: Was für den einen schlecht ist, ist u.U. für den anderen genau das Richtige. Ich habe schon Predigten gehört, bei denen ich am liebsten die Kapelle verlassen hätte; die Angehörigen aber waren auf 's Tiefste angesprochen.

Äußerst festlich und froh können Beerdigungen sein, die von Menschen mitgetragen werden, die authentische religiöse Orientierung haben und außerdem in einer religiösen Gemeinschaft verankert sind. Abhängig von der Person des Verstorbenen und seines persönlichen Umfeldes kann man solche Feiern in jeder Konfession erleben.

Von Pfarrern freikirchlicher Gemeinden habe ich übrigens keine einzige „Trauerfeier" erlebt; einfach deshalb, weil die sonst so bezeichneten Feiern immer Freudenfeiern waren. Die Gewissheit, dass das Leben in Freude weitergeht und dass der Schritt über die Schwelle ein GUTER Schritt ist, der im tiefsten Sinne KEINE Trennung bedeutet, war immer gefühlte Gegenwart. So hatte ich es mir als Teenager gewünscht.

Späte Folgen

„Wissen Sie, Frau Boeckh, wir leiden hier ja alle so unter dem Krieg!" Sorgenschwer blickte mir das Gesicht der Friedhofsverwalterin entgegen. Ich stand auf dem Schlauch und räusperte mich verlegen. Einerseits hatte sie recht: Furchtbarerweise gibt es immer noch und immer wieder auf der Erde grausame Kriege; aber bei uns? Schnell rief ich mir die tatsächliche Jahreszahl vor Augen. Wann war der letzte Krieg noch mal genau zu Ende? 1945 … „Hm, ja … Unter welchem Krieg leiden Sie denn so sehr?", fragte ich vorsichtig. „Na, unter dem letzten Weltkrieg!" Ach so. Ich kam von meinem Schlauch nicht weg. Das gequälte Gesicht der Friedhofsverwalterin blickte in ein großes Fragezeichen. „Ja, wissen Sie, unsere potentiellen Kunden sind doch alle schon tot!", brach es aus ihr heraus. Mein Unterkiefer klappte herunter. „Wie bitte?", stammelte ich fassungslos. „Wir sind unterbelegt!" Von welchem Krankenhaus sprach sie?!

Allmählich dämmerte es … „Wir müssen schließlich auch wirtschaftlich denken, Frau Boeckh, das müssen Sie doch verstehen." Ich bemühte mich, auch wenn's schwer fiel.

Das eigene Heim

Da gibt es z.B. das Problem mit den Sozialbestattungen, die ein Friedhof schwer oder gar nicht verkraftet.

Sozialbestattungen – das sind Beerdigungen oder eher Urnenbeisetzungen von Menschen mit geringem oder ganz kleinem Einkommen, bei denen das Sozialamt die Kosten übernimmt; selbstverständlich zum jeweils festgesetzten, sehr geringen Sozialsatz. Seit geraumer Zeit sind auch kirchliche Friedhöfe verpflichtet, Sozialbestattungen durchzuführen.

Wer keine Blümchen pflanzen will und eine Urne zur Bestattung anmeldet, hat die Möglichkeit, eine Urnenkammer zu mieten, deren Formen, je nach den Möglichkeiten, die der Friedhof bietet, variieren. Nicht selten werden in alte, herrschaftliche Grabstellen Urnenkammern eingebaut. Auch gibt es gelegentlich Kammern unterschiedlicher Größe: Einer-, Zweier-, Viererstellen. Wenn die Wahl einer Urnenkammer nicht finanziell begründet ist, sondern es tatsächlich nur um die Vermeidung der Begrünung geht, werden in der Regel Einzelkammern gewählt. Die Doppel- oder gar Viererkammern, ursprünglich für größere Familien gedacht, stehen dann eher leer. Dank der Sozialbestattungen, oft von Obdachlosen, können nun auch die Viererkammern „belegt" werden: Jede/r zahlt nur ein Viertel des Mietpreises, und der Friedhof kommt trotzdem auf seine Kosten. „Die WGs klappen immer", meinte die Friedhofsverwalterin. „Da gibt's keine Zankereien. Und sehen Sie mal, was das bedeutet: Da sind Leute ihr Leben lang auf der Straße und am Schluss haben sie doch noch ihr Dach über dem Kopf – und dann noch im Eigenheim!" Ich blickte in ein zufriedenes Gesicht.

Die Angehörigen von „Viererkammern", so es noch welche gibt, warten allerdings dennoch meistens auf bessere Zeiten.

Pfarrer verlagern das „eigene Heim" aus theologischen Gründen natürlich lieber in den Himmel. „In meines Vaters Hause sind viele Wohnungen" (Joh. 14,2) war der Predigttext einer Beerdigung für eine 97jährige Frau, die für ihre Tochter eine sehr schwierige Mutter gewesen war. Die kleine, verbittert vor sich hinstarrende, inzwischen auch schon betagte Tochter kauerte in der ersten Reihe. Als der Pfarrer sich in Bezug auf den Predigttext zu den Worten aufschwang: „ ... da wird sicher auch für unsere liebe Verstorbene eine Wohnung dabei sein, in der sie sich wohlfühlt!", richtete die Tochter sich entschieden auf und kommentierte lautstark: „Also, det glob ick nich!"

Für sie wäre ein Urnenhäuschen die verlässlichere Lösung gewesen.

Der mütterliche Hort

Frau Westerwald hatte alles gut im Griff. Selbst die Pfarrer spurten, wenn sie die Fahrtroute vorgab. Sie war zwar eine herbe Person, aber sie hatte ein Herz aus Gold – und sie liebte ihren Beruf. Frau Westerwald war die Chefin der Friedhofsverwaltung.

Obwohl ihr das Organisatorische auf den Leib geschrieben war, war sie doch zugleich die Anlaufstelle für „innere Angelegenheiten". Nicht selten sprach sich der eine oder die andere bei ihr aus, Tränen flossen oder kleine Geheimnisse wurden vertraulich besprochen. Wer bei einem Trauerfall die Formalitäten regelt, möchte nicht nur beim Bestatter auf ein einfühlsames Gegenüber stoßen, sondern auch im Friedhofsbüro. Im Gegensatz zum Bestatter, den man in der Regel nach der Trauerfeier nicht mehr sieht, hat man mit dem Friedhofsbüro immer wieder Kontakt, da ja die Pflege der Grabstelle geregelt werden muss und man ohnehin bei Besuchen des Grabes in der Nähe der Verwaltung ist. Wer einmal erlebt hat, wie einfühlsam Frau Westerwalds Ohr war, der kam gerne wieder und sprach mit ihr. Mir ging es nicht anders.

Während in der Kapelle die *Stillen Urnen* ihren letzten Segen erhielten, besprachen wir bei einer Tasse Tee, was die Welt bewegte – von der Wiege bis zur Bahre.

Im Friedhofsbüro sammelt sich so manche Familienchronik. Wer über viele Jahre an einem Platz wie diesem arbeitet, begleitet nicht selten das Sterben vieler Familienmitglieder. Obwohl ähnlich wie im Bestattungsinstitut vorrangig sachliche Themen besprochen werden, können doch aus den Begegnungen, die in solchen Ausnahmesituationen entstehen, sehr persönliche Vertrauensverhältnisse erwachsen.

Wer trauert wie? Uns fiel auf, dass die Menschen in unseren Landen sehr wenig weinen; die Männer sowieso nicht, aber auch nicht die Frauen. Heißt das, dass sie nicht trauern? Frau Westerwald war nicht dieser Meinung. „Das Weinen sagt überhaupt nichts über die Trauer aus", meinte sie. „Ich sage Ihnen, die Frauen, die am meisten weinen, sind die ersten, die auf dem Friedhof mit ihrem neuen Freund spazieren gehen. Das dauert keine vierzehn Tage!" Vom Büro aus hatte sie immer einen guten Überblick über den Friedhof. „Meistens wissen die das auch ganz genau", fuhr sie fort. „Eine rief einmal an und sagte: ‚Liebe Frau Westerwald, ick bin ja emotional SO durch'nander. Ick saje ihnen, det sind die Hormone! Det kommt bestimmt wieder von den Estrajon!'" Bei aller Liebe, aber da musste sich selbst Frau Westerwald das Lachen verkneifen.

Ihrer mütterlich sachlichen Art hat gewiss so mancher Angehörige viel zu verdanken. Und ich bin sicher, dass sie auch viele Tränen getrocknet hat, die nicht „von dem Estrajon" herrührten …

Der Aufstieg

Bevor ich eines Tages bei der Sargfeier einer Freundin Orgel spielte, erbat ich mir die Gelegenheit den Ort zu sehen, an dem ihr Sarg mit ihrem Leichnam verbrannt werden würde. Ich wollte nicht nur wissen, was dort genau geschah, sondern auch, welche Menschen dort tätig waren und wie sie mit diesem Thema umgingen.

Mit dem Fahrstuhl wurde ich in den Keller geführt. Verschiedene Türen öffneten und schlossen sich wieder, bevor ich vor zwei Männern stand, die mir auf meine Bitte in großer Ernsthaftigkeit den Vorgang der Verbrennung erklärten. „Hier kommen die Beschläge rein." Sie zeigten auf zwei große, tonnenartige Behälter. Metallbeschläge dürfen nicht wiederverwendet werden. Sie werden direkt vor der Verbrennung vom Sarg abmontiert und entsorgt. Anschließend wird der Sarg in die Hitzekammer geschoben – alles per Computer gesteuert. Die verschiedenen Hitzestufen ermöglichen, dass die verschiedenen Substanzen – Holz, Kleidung und der Leib selber – nacheinander verbrennen. Eigentlich sei es eher ein Verglühen als ein Verbrennen, sagten sie. Nach jeder Hitzestufe wird die Asche aufgefangen, so dass am Schluss tatsächlich nur die Asche des Leichnams in die Urne gegeben werden kann.

Zu sehen ist von diesem Vorgang nichts – es sei denn, man ist direkter Angehöriger und hat rechtzeitig beantragt, Augenzeuge des Geschehens sein zu dürfen.

Obwohl die Aufgabe dieser Männer nur darin bestand, die Beschläge abzumontieren, den Computer zu überwachen und durch Knopfdruck verschiedene Vorgänge einzuleiten, erschienen sie mir doch im tiefsten Sinne wie Wächter. Wächter über was? Wächter über die Würde dieses Überganges. Die Würde, die diesen letzten Prozess der irdischen Verwandlung und Auflösung eines menschlichen Leibes überstrahlt, war einfach präsent. Diese Tatsache hatte für mich große Bedeutung.

Wie ist das, wenn man Tag für Tag, Monat für Monat, Jahr für Jahr an so einem Ort steht? Wie denkt man dann selber über den Tod?

Ich fragte danach und wir kamen ins Gespräch. Es war ein stockendes Gespräch, sie waren das Sprechen nicht gewohnt. Einer von uns sagte etwas, dann ein anderer, dann war wieder Stille. „Ich glaube, irgendwann holen sie uns." „Wer?", fragte ich. „Na, die von draußen." Er meinte, von den anderen Planeten. „Ist doch klar, dass die sich das hier nicht mehr lange mit angucken." Die Männer waren sich einig. „Sie sehen doch, wie die Menschen mit der Erde umgehen, das wird doch immer schlimmer. Und eines Tages, wenn wir alles zerstört haben, dann holen sie den Rest ab und bringen uns zu einem anderen Planeten. Vielleicht nicht mich, vielleicht nicht Sie, aber mein Sohn, spätestens mein Enkel wird's noch erleben." Das Gespräch ging weiter – eher ein Nachsinnen über dies und das. „Und dann gibt es ja auch noch die Sache mit der Auferstehung", werfe ich ein. „Schließlich hat Jesus gesagt, wir sollen größere Dinge als er vollbringen" (Joh. 14,12). Sie hatten davon gehört. Wir entwarfen ein Bild für die Zukunft: „Wie wäre es also, wenn Krematorien gar nicht mehr nötig wären, weil die Menschen im Laufe ihres irdischen Lebens so durchscheinend würden, dass sie sich am Ende ganz in Licht verwandelten und einfach aufstiegen ... Dann gäbe es keine Friedhöfe mehr, sondern Auferstehungswiesen: Die Angehörigen stehen im Kreis und singen, und in ihrer Mitte erhebt sich der so Verwandelte in den Himmel ...“

Das Bild wirkte stimmig. Dass mit seiner Realisierung auch der vorhandene Arbeitsplatz verloren ginge, fiel nicht auf. Es war auch nicht wichtig.

Die Vision

Über das Wie des Sterbens wird heutzutage viel nachgedacht, über das Wie der Beerdigung wenig.

Viele sind der Meinung, dass dieses Thema nicht mehr zu ihrem Verantwortungsbereich gehört: Wenn sie tot sind, sollen sich die Anderen kümmern. Im Gegensatz zu fast allen Lebenssituationen kann man in diesem Fall auch davon ausgehen, dass das klappt; denn ein Leichnam bleibt nicht einfach irgendwo unversorgt liegen.

Um Streitigkeiten unter den Angehörigen zu vermeiden, sollte man nach Möglichkeit wenigstens *einem* vertrauten Menschen mitteilen, ob man eine Erdbestattung oder eine Verbrennung wünscht; vielleicht auch, wo man bestattet werden möchte. Aber dies ist noch lange kein Hinweis auf das Ritual, das die Bestattung begleiten wird.

Manche halten sich diesbezüglich zurück, weil sie den Freunden und der Familie den Gestaltungsfreiraum lassen möchten. Dabei könnte es hilfreich sein, vorher darüber zu sprechen, damit die Angehörigen wissen, dass es an dieser Stelle überhaupt einen Freiraum gibt, und damit sie den Mut zur Gestaltung entwickeln. Sonst gestalten sie nämlich gar nichts, sondern der Bestatter oder gegebenenfalls der Geistliche gestaltet für sie. Auf diese Weise wird das Ritual wahrscheinlich nicht individuell erneuert, sondern bleibt im alten Gleis hängen.

Zum Ritual gehört nicht nur die in jeder Konfession leicht unterschiedliche Abfolge von Gebeten, Lesungen, Liedern, Predigt und Musik, sondern auch die Gestaltung des Raumes, in dem die Verabschiedung des Verstorbenen stattfindet. Beim Bestattungsinstitut bestellt man die Utensilien, die vor, neben, seitlich, um den Sarg herum stehen sollen. Jedes Teil kostet etwas …

Ich habe nur sehr selten in vielen Jahren kirchenmusikalischer Arbeit erlebt, dass Angehörige selber den Platz um den Sarg herum gestalteten. Sie legten z.B. anstelle des meist schwarzen Tuches ein grünes Tuch unter den Sarg, sie schmückten den Altarraum, in dem der Sarg stand, mit Feldblumen und Früchten, und eine Lichterkette aus kleinen Teelichtern umringte den Sarg mit dem Leichnam des geliebten Menschen. Nicht der Bestatter und die Friedhofsarbeiter bestimmten das Bild, sondern die Angehörigen. Ihre Präsenz war das prägende Element.

Wenn Kinder sterben, werden sie meistens in weiße Särge gelegt. Kinderbeerdigungen sind sehr anrührend. Ich hörte von der Beisetzung eines dreizehnjährigen Jungen, der in liebevoller Anwesenheit seiner Familie und seiner Freunde gestorben war. Sie hatten seinen weißen Sarg mit bunten Bildern bemalt und konnten auf diese Weise ihr Erlebnis verarbeiten und ihrer Liebe zu ihm Ausdruck verleihen.

Mancher Bestatter und manche Friedhofsverwaltung, mancher Geistliche mag sich beunruhigt fühlen, wenn sich die Angehörigen zu sehr „einmischen" – es stört den gewohnten Ablauf. Aber: Es gibt immer mehr Bestattungsinstitute, die sich auf ungewöhnliche, weil individuelle, Wünsche einlassen, die sich sogar darauf spezialisieren, diese individuellen Wünsche der Angehörigen zu fördern. Es lohnt sich ein wachsames Auge zu entwickeln und nicht im Schock des Verlustes eines Angehörigen das Nächstliegende zu wählen, ohne sich vorher Gedanken gemacht zu haben, was man wie möchte.

Da die Musik, wie schon erwähnt, sehr stark die Gestimmtheit der Feier beeinflusst, ist es ratsam zu wissen, wie die Musik klingt, die man sich auswählt, und nicht einfach auf einer Liste etwas anzukreuzen, das einem empfohlen wird. Viele Kirchenmusiker sind gerne bereit individuell zu beraten. Diese Kompetenz sollte auch eingefordert werden. Es gibt wunderbare Originalkompositionen für Orgel, die in der Regel nicht auf den Listen der Bestatter stehen; zum einen, weil es zu viele sind, zum anderen, weil sie den musikalischen Laien unbekannt sind. Das heißt aber nicht, dass sie nicht gefallen könnten.

Wann und warum Menschen traurig sind, ist so individuell wie jede Lebensgeschichte. So ist es auch durchaus möglich, dass Menschen ohne jede Trauer an einer Beisetzung teilnehmen – nicht, weil sie den Menschen, der weitergegangen ist, nicht geliebt haben, sondern weil ihre Liebe und Verbundenheit zu ihm durch diesen Abschied nicht getrübt wird.

Die Möglichkeit, eine frohe Beerdigung zu feiern, beinhaltet dann auch die Auswahl einer frohen Musik. Dieser Gedanke ist in unseren Breiten weitgehend tabuisiert, weshalb die musikalischen Vorschläge Kompositionen dieser Art in der Regel nicht vorsehen. Auch hier gibt es noch Vieles zu entdecken.

Um den individuellen Situationen gerecht zu werden, ist also eine individuelle, sensible Beratung bezüglich der Musikauswahl genauso wichtig wie das Gespräch mit dem Geistlichen oder Redner, der die Feier verbal gestaltet. Es soll nicht unerwähnt bleiben, dass es infolge auch angebracht ist, die musikalische Beratung und Gestaltung der Feier angemessen zu honorieren.

Keine Form ist so gut, dass sie für immer passt. Sie muss sich angleichen an die Entwicklung der Menschen, an ihre vielfältigen Vorstellungen vom Leben und Sterben. So wird unsere Vision vom Leben immer maßgebend sein für die Welt, in der wir leben – und sterben. Wenn wir keine eigene Vision haben, bauen andere für uns unsere Welt.

Dieses Büchlein möchte dazu ermutigen eigene Schritte zu gehen, auch bezüglich des Überganges in die „andere Welt", damit auch bei diesem wichtigen Ereignis das Persönliche anwesend ist.

Nachruf

An dieser Stelle werden Sie sich hoffentlich fragen: Warum heißt dieses Buch eigentlich
Liturgisches Husten?

Nun, mit dem Titel dieses Buches ist es genauso wie mit dem Geheimnis so mancher Biographie: Entweder kommt es erst ganz am Schluss heraus, oder gar nicht. In diesem Fall werde ich Ihnen zu Hilfe kommen und das Geheimnis enthüllen:

Es gab einmal eine kleine Dorfkirche. Die war so alt, dass alle Bemühungen, sie der modernen Zeit anzupassen, fehlschlugen. Zum einen stand sie unter Denkmalschutz, zum anderen konnte oder wollte man gewisse technische Erleichterungen nicht finanzieren. Dazu gehörte aus irgendeinem Grund auch ein klitzekleines rotes Lämpchen, das an den meisten Orgeln angebracht ist, um dem Organisten zur rechten Zeit das Startsignal zu geben. OHNE das kleine rote Lämpchen würde es nämlich auffallen, dass ein Mensch Orgel spielt; einfach, weil er dann eben NICHT spielt. Interessanterweise spielt nämlich sonst immer nur „die Orgel" – nicht aber der Organist und schon gar nicht die Organistin. Wenn also das kleine rote Lämpchen NICHT zur rechten Zeit leuchtet, weil es gar nicht da ist, weiß der Organist nicht, wann er seine ersten oder letzten Akkorde zu spielen hat.

Haben Sie sich je gefragt, warum „die Orgel" immer genau dann zu spielen beginnt, wenn das Brautpaar die große Zehe in den Kirchraum schiebt oder wenn der Pfarrer mit oder ohne Trauergemeinde das heilige Terrain betritt? Das macht alles das kleine rote Lämpchen.

Nur: Wer drückt dieses kleine rote Lämpchen?

Das macht in der Regel der Kirchendiener.

Aus diesem Grunde ist es besonders wichtig, dass sich Kirchendiener und Organist gut verstehen. Es ist wichtig, dass der Kirchendiener Verständnis dafür entwickelt, dass ein Musiker sein Nachspiel gerne zu Ende spielt, auch wenn schon alle Menschen aus der Kirche heraus sind. Ein Kirchenmusiker, der das kleine rote Lämpchen aus musikalischen Gründen am Ende eines Gottesdienstes ignorierte, musste leider erleben, wie sein Stück bei absaufendem Orgelmotor verendete: Der Kirchendiener hatte die Sicherung herausgedreht.

Abgesehen von dem Anfang und dem Ende einer gottesdienstlichen Feier gibt es auch innerhalb des Ablaufes der Feier, innerhalb der sog. *Li-*

turgie[8], Momente, bei denen das kleine rote Lämpchen gebraucht wird.

Ein kirchenmusikalisches Leben OHNE das kleine rote Lämpchen ist folgerichtig undenkbar.

Wenn es aber nun auf gar keinen Fall eingebaut werden kann, muss man sich etwas anderes ausdenken. Da gibt es z.B. die Möglichkeit, dass sich ein Helfer auf der Treppe der Orgelempore positioniert, so dass er sowohl den Kircheneingang als auch den Organisten im Auge hat. Man kann Spiegel anbringen. Jemand kann sich innerhalb der Kirche in eine Nische stellen und seinen Arm heben, wenn die ersten Töne erklingen sollen; wobei dieser „Jemand" meistens der Kirchendiener ist.

In einem spektakulären Fall – es war eine Hochzeit – stellte sich der Kirchendiener vorne vor den Altar. Als das Brautpaar die Kirche betrat, schritt er in gemäßigtem Tempo auf dem roten Teppich dem Paar entgegen, während er die be-

---

[8] Der Begriff *Liturgie* bezeichnet christliche und auch jüdische Rituale (religiöse Riten) zur Verehrung Gottes und zur Vertiefung des gemeindlichen Glaubens. Die *Liturgie* umfasst das gesamte gottesdienstliche Geschehen: Gebet, Lesung und Verkündigung, Gesang, Gestik, Bewegung und Gewänder, liturgische Geräte, Symbole und Symbolhandlungen, die Spendung von Sakramenten und Sakramentalien. (aus Wikipedia, der freien Enzyklopädie)

reits im Raum versammelte Gemeinde durch gebie-terische Armbewegungen nötigte sich zu erheben. Das war sehr eindrucksvoll. Er hatte sich vorher geweigert mir zu sagen, wie er es machen würde. Zweifelsohne war ER in dieser Gemeinde die Nr.1.

Zurück zur alten Dorfkirche.

Keine dieser Varianten war dort möglich. Die Treppe zur Empore lag hinter der Orgel, die Orgel selbst stand so verdreht, dass kein Spiegel irgend-eine Tür einfangen konnte. Die Elektrizität war so veraltet, dass man froh sein konnte, dass der Or-gelmotor und das Emporenlicht funktionierte. Es gab keine Nischen, wo sich irgendjemand verstoh-len winkend hinstellen konnte.

Was tun?

Frau Glaskow, die Kirchendienerin, war die Rettung. Sie hatte es erfunden: Sie stellte sich un-ten an die Eingangstür und hustete zweimal tro-cken. Jeder, der in der Gemeinde tätig war, kannte es. Es war unser Code. Es hatte etwas Zärtliches.

Wir nannten es *Liturgisches Husten*.

In diesem Husten war – weit über das konkre-te Geschehen hinaus – der ganze Charme eines kirchenmusikalischen Lebens enthalten.

Dank

All denen, die geholfen haben, dass dieses Büchlein zustande kam, sei an dieser Stelle von Herzen gedankt.

Zu allererst stehe ich dankbar vor dem Geheimnis, dass mir durch die musikalische Gestaltung vieler Feiern zur Bestattung ungeahnte Räume eröffnet wurden. Ich kann den Menschen, die ich meistens in ihrem irdischen Leben nicht kannte, nicht für ihr Sterben danken, aber ich erlebe eine dankbare Verbundenheit mit ihrem Schicksal über ihr Sterben hinaus.

In Dankbarkeit denke ich auch an die vielfältige Schar der „dienstbaren Geister", mit denen ich gemeinsam diese Schwellenereignisse begleiten durfte. Unsere Begegnungen im Grenzbereich zwischen den Welten waren so bunt wie der Regenbogen. Mein besonderer Dank gilt Rainer Harloff, der in freundschaftlicher Treue nicht müde wurde mich zu ermutigen dieses Buch zu veröffentlichen.

Namentlich erwähnen möchte ich außerdem meine ersten musikalischen Vorbilder:

Johannes Günther Kraner, dessen engagierte kirchenmusikalische Arbeit in mir ein Feuer für die

Orgel entfacht hat. Sein Vertrauen in meine jugendlichen Fähigkeiten hat mir geholfen der musikalischen Spur zu folgen.

Unvergessen ist auch Helmut Kühn, der mir die ersten Flötentöne auf der Orgel beibrachte und meine Kreativität durch sein unvergleichliches musikalisches Temperament farbenprächtig beeinflusste. Seine Natürlichkeit und tiefe Menschlichkeit verdienen ein Denkmal.

Dank sagen möchte ich zuletzt meinen Eltern. Sie haben nicht nur meine Liebe zur Musik erkannt und gefördert, sondern auch durch ihre geistliche Orientierung Möglichkeiten des Fragens eröffnet, die Grenzbereiche nicht aussparten. Der „Blick über die Grenze" war deshalb für uns als Berliner ein im doppelten Sinne spannendes Thema.

Es liegt an uns, wie sich die Welten verbinden.

Zeitfracht Medien GmbH
Ferdinand-Jühlke-Straße 7
99095 Erfurt, Deutschland
produktsicherheit@kolibri360.de